AUTOUR DE LA TABLE

FLORIAN TRADUIT PAR GRANDVILLE

100 DESSINS

PARIS, RUE DE RICHELIEU, N° 60. PAULIN ET LE CHEVALIER, AUX BUREAUX DE L'ILLUSTRATION

AUTOUR DE LA TABLE

FLORIAN — GRANDVILLE

100 DESSINS

PARIS, RUE DE RICHELIEU, N° ... AUX BUREAUX DE L'ILLUSTRATION

1848

IMPRIMERIE
JULES CLAYE ET Cᵉ
Rue Saint-Benoit, 7.
Imprimé par la Presse mécanique

LE MIROIR DE LA VÉRITÉ

Livre IV, Fable 18.

Hélas! le sage le premier
Ne s'y voit jamais tout entier.

La Vérité toute nue
Sortit un jour de son puits.
Ses attraits par le temps étaient un peu détruits
Jeunes et vieux fuyaient sa vue.

Livre I, Fable Ire.

LA FABLE ET LA VÉRITÉ

La pauvre Vérité restait là morfondue,
Sans trouver un asile où pouvoir habiter.
      A ses yeux vient se présenter
      La Fable richement vêtue,
      Portant plumes et diamants,
      La plupart faux, mais très-brillants.
      Eh! vous voilà! bonjour, dit-elle;
Que faites-vous ici, seule sur un chemin?
La Vérité répond : Vous le voyez, je gèle :

      Aux passants je demande en vain
      De me donner une retraite,
Je leur fais peur à tous. Hélas! je le vois bien,
      Vieille femme n'obtient plus rien.
      Vous êtes pourtant ma cadette,
      Dit la Fable, et, sans vanité,
      Partout je suis fort bien reçue.
      Mais aussi, dame Vérité,
      Pourquoi vous montrer toute nue?
Cela n'est pas adroit..

LA FABLE ET LA VÉRITÉ

Livre I, Fable 1

... Tenez, arrangeons-nous ;
Qu'un même intérêt nous rassemble :
Venez sous mon manteau, nous marcherons ensemble.
Chez le sage, à cause de vous,
Je ne serai point rebutée ;
À cause de moi, chez les fous

Vous ne serez point maltraitée.
Servant par ce moyen chacun selon son goût,
Grâce à votre raison et grâce à ma folie,
Vous verrez, ma sœur, que partout
Nous passerons de compagnie.

LE BŒUF, LE CHEVAL ET L'ANE

Livre I. Fable 2

Un bœuf, un baudet, un cheval,
Se disputaient la préséance.

Votre avis n'est utile que par votre intérêt.
Eh mais. . . . . . . par quoi donc, s'il vous plaît?
N'est-ce pas la règle ordinaire?

LES DEUX VOYAGEURS

Livre I. Fable 4.

Immobile de peur, Thomas est bientôt pris :
Il tire la bourse et la donne.

Que ne songe qu'à soi quand sa fortune est bonne,
Dans le malheur n'a point d'amis.

LE SERIN ET LE CHARDONNERET

Livre I. Fable 5.

Un amateur d'oiseaux avait en grand secret,
Parmi les œufs d'une serine,
Glissé l'œuf d'un chardonneret.

Rien n'est vrai comme ce qu'on sent
Pour un oiseau reconnaissant,
Un bienfaiteur est plus qu'un père.

LE CHAT ET LE MIROIR

Livre I. Fable 6.

Sur une table de toilette
Un chat aperçut un miroir.

Une chose que notre esprit,
Après un long travail, n'entend ni ne saisit,
Ne nous est jamais nécessaire.

LA CARPE ET LES CARPILLONS

Livre I, Fable 7.

Prenez garde, mes fils, côtoyez moins ce bord,
Suivez le fond de la rivière.

LA MORT

Livre I, Fable 9.

La Mort voulait choisir un bon premier ministre
Qui rendît ses États encor plus florissants.

¿ Pourquoi quittaient-ils la rivière ?
Pourquoi ? Je le sais trop, hélas !
C'est qu'on se croit toujours plus sage que sa mère,
C'est qu'on veut sortir de sa sphère,
C'est que... c'est que... Je n'en finirais pas.

... Les vices étant venus,
Dès ce moment la Mort n'hésista plus :
Elle choisit l'Intempérance.

LES DEUX JARDINIERS

Livre 1, Fable 40.

…Monsieur Jean passait sa vie
A lire l'almanach, à regarder le temps.

Je travaille, et tu réfléchis;
Lequel rapporte davantage?
Tu te tourmentes, je jouis;
Qui de nous deux est le plus sage?

LE CHIEN ET LE CHAT

Livre 1, Fable 41.

Un chien vendu par son maître
Brisa sa chaîne, et revint
Au logis qui le vit naître.

Tu croyais donc, pauvre sot,
Que c'est pour nous qu'on nous aime!

LE VACHER ET LE GARDE-CHASSE

Livre I, Fable 12.

... Gardez mes vaches à ma place
Et j'irai faire votre chasse.

... Chacun son métier,
Les vaches seront bien gardées.

LA COQUETTE ET L'ABEILLE

Livre I, Fable 13.

... Hélas! lui dit avec douceur
L'insecte malheureux, pardonnez mon erreur,
La bouche de Chloé me semblait une rose,

Que ne fait-on passer avec un peu d'encens!

LE CHAT ET LA LUNETTE

Livre I, Fable 46.

Mais toujours le gros bout lui montre loin le garde
Et le petit tout près lui fait voir le lapin.

Chacun de nous a sa lunette
Qu'il retourne suivant l'objet;
On voit là-bas ce qui déplaît,
On voit ici ce qu'on souhaite.

LA TAUPE ET LES LAPINS

Livre I, Fable 48.

Pardonnez-moi, monsieur, reprit-elle en colère:
Serrez bien, car j'y vois... Serrez, j'y vois encor.

Chacun de nous souvent connaît bien ses défauts:
En convenir, c'est autre chose;
On aime mieux souffrir de véritables maux,
Que d'avouer qu'ils en sont cause.

L'AVEUGLE ET LE PARALYTIQUE

Livre I, Fable 20.

J'ai des jambes, et vous des yeux :
Moi, je vais vous porter : vous, vous serez mon guide.

Aidons-nous mutuellement,
La charge des malheurs en sera plus légère ;
Le bien que l'on fait à son frère,
Pour le mal que l'on souffre est un soulagement.

LA MÈRE, L'ENFANT ET LES SARIGUES

Livre II. Fable 1.

La poche s'ouvre, et les petits
En un moment y sont blottis.

Si jamais le sort t'est contraire,
Souviens-toi du sarigue, imite-le, mon fils :
L'asile le plus sûr est le sein d'une mère.

L'asile le plus sûr est le sein d'une mère.

L'ENFANT ET LE DATTIER

Livre I, Fable 22.

LE LINOT

Livre II, Fable 22.

Je ne connais de biens que ceux que l'on partage.
Cœurs dignes de sentir le prix de l'amitié.
Retenez cet ancien adage :
Le tout ne vaut pas la moitié.

Le Pivert, qui prit mal cette plaisanterie,
Vient à bons coups de bec plumer le persifleur;
Et, deux jours après, une Pie
Le dégoûte à jamais du métier de railleur.

LA BREBIS ET LE CHIEN

Livre II, Fable 3.

La Brebis et le Chien, de tous les temps amis,
Se racontaient un jour leur vie infortunée.

Va, ma sœur, il vaut encor mieux
Souffrir le mal que de le faire.

LE VIEUX ARBRE ET LE JARDINIER

Livre II, Fable 2.

Un jardinier, dans son jardin,
Avait un vieux arbre stérile :
C'était un grand poirier qui jadis fut fertile.
. . . .
Le jardinier ingrat veut l'abattre un matin.

Comptez sur la reconnaissance
Quand l'intérêt vous en répond.

LE TROUPEAU DE COLAS

Livre II, Fable 5.

En faisant un circuit l'on eût gagné le pont.
C'était bien le plus sûr, mais c'était le plus long.

Colas, revenu à la chaumière,
S'aperçut, mais trop tard, que, pour un bon pasteur,
Le plus écart n'est pas le meilleur.

LE SINGE QUI MONTRE LA LANTERNE MAGIQUE

Livre II, Fable 7.

... Le Cicéron moderne
Parlait éloquemment et ne se lassait point.
Il n'avait oublié qu'un point :
C'était d'éclairer la lanterne.

Messieurs les beaux esprits dont la prose et les vers
Sont d'un style pompeux et toujours admirable,
Mais que l'on n'entend point, écoutez cette fable,
Et tâchez de devenir clairs.

L'ENFANT ET LE MIROIR

Livre II, Fable 8.

... Par un travers bien digne d'un enfant,
Et même d'un être plus grand.
Il veut outrager ce qu'il aime,
Lui fait une grimace, et le miroir la rend.

De la société tu vois ici l'emblème :
Le bien, le mal, nous sont rendus.

LE BOUVREUIL ET LE CORBEAU

Livre II, Fable 6.

Ils l'aimaient bien pourtant, mais ils n'y pensaient pas.
Un jour on le trouva mort de faim dans sa cage.

Ah ! quel malheur ! dit-on : Las ! il chantait si bien :
De quoi donc est-il mort ? Certes, c'est grand dommage.
Le corbeau crie encore, et ne manque de rien.

3

LES DEUX CHATS

Livre II, Fable 9.

...... L'on était gras à lard.
C'était l'aîné; sous son hermine.
D'un chanoine il avait la mine.

Le vrai secret de réussir
C'est d'être adroit, non d'être utile.

LE CHEVAL ET LE POULAIN

Livre II, Fable 10.

Un bon père cheval, veuf, et n'ayant qu'un fils,
L'élevait dans un pâturage.

... Mon cher enfant, retiens cette maxime.
Quiconque peut trop est bientôt dégoûté;
Il faut au bonheur du régime.

LE GRILLON

Livre II. Fable 14.

Un pauvre petit Grillon,
Caché dans l'herbe fleurie.
Regardait un Papillon
Voltigeant dans la prairie.

Il en coûte trop cher pour briller dans le monde.
Combien je vais aimer ma retraite profonde!
Pour vivre heureux, vivons caché.

L'ÉDUCATION DU LION

Livre II, Fable 15.

Il le fait voyager, montrant à ses regards
Les abus du pouvoir, des peuples la misère.
. . . .
Partout le faible terrassé,
Le bœuf travaillant sans salaire,
Et le singe récompensé.

. . . . De pareils attentats
Sont-ils connus du Roi? — Comment pourraient-ils l'être?
. . . . Les grands approchent seuls du maître,
Et les mangés ne parlent pas.

LE DANSEUR DE CORDE ET LE BALANCIER

Livre II, Fable 46.

Notre jeune danseur, tout fier de son talent,
Dit un jour : A quoi bon ce balancier pesant?

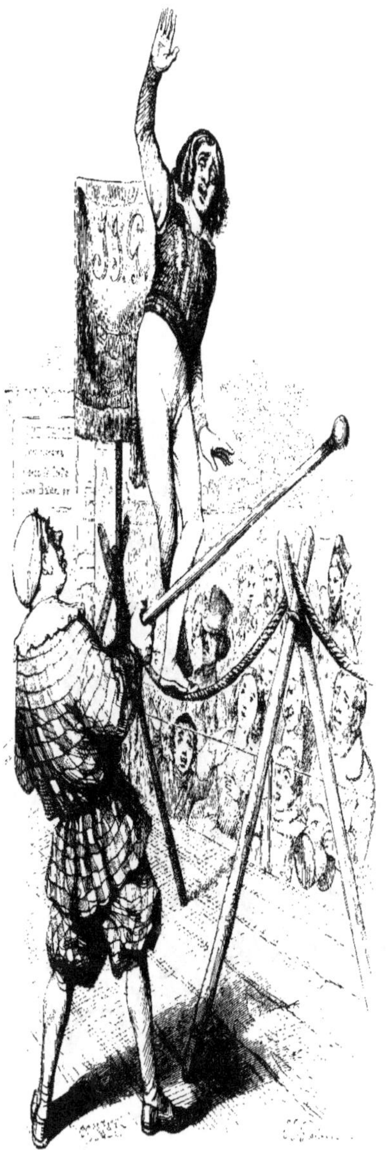

La vertu, la raison, les lois, l'autorité,
Dans vos désirs fougueux vous causent quelque peine :
C'est le balancier qui vous gêne,
Mais qui fait votre sûreté.

LA JEUNE POULE ET LE VIEUX RENARD

Livre II, Fable 17.

Je viens veiller pour vous. La crédule innocente
Vers le poulailler le conduit.

Il croqua tout, grandes, petites ;
Coqs, poulets et chapons, tout périt sous ses dents.

La pire espèce de méchants
Est celle des vieux hypocrites.

LE CHATEAU DE CARTES

Livre II, Fable 12.

Ils prêchaient à leurs fils la vertu, la sagesse,
Leur parlaient du bonheur qu'ils procurent toujours.

.... Il est fait! son frère, murmurant,
Se fâche, et d'un seul coup détruit son long ouvrage :
    Et voilà le cadet pleurant.
    Mon fils, répond alors le père :
    Le fondateur, c'est votre frère,
    Et vous êtes le conquérant.

LA PIE ET LA COLOMBE

Livre II, Fable 14.

Une colombe avait son nid
Tout auprès du nid d'une pie.
Cela s'appelle voir mauvaise compagnie,

Votre humeur peut l'aigrir... Qu'appelez-vous, ma mie,
    Interrompt aussitôt la pie :
Moi, de l'humeur! comment! je vous conte mes maux
Et vous m'injuriez! je vous trouve plaisante! —
    Nous convenons de nos défauts,
    Mais c'est pour que l'on nous démente.

Si le poids s'élevait alors plus à loisir
Minos examinait l'affaire.

La Balance de Minos.

Voici présentement la lune ; et puis l'histoire
D'Adam, d'Ève et des animaux...
Voyez, Messieurs, comme ils sont beaux !

Le Singe qui montre la lanterne magique.

LES SINGES ET LE LÉOPARD

Livre III, Fable 1.

Des singes dans un bois jouaient à la main chaude.
Un jeune Léopard, prince assez débonnaire,
Se présente au milieu de nos singes joyeux.

Ne jouons point avec les grands.
Le plus doux a toujours des griffes à la patte.

LE SANGLIER ET LES ROSSIGNOLS

Livre III, Fable 3.

Un homme riche, sot et vain,
Qualités qui parfois marchent de compagnie,
Croyait pour tous les arts avoir un goût divin,
Et pensait que son or lui donnait du génie.

Chaque jour à sa table on voyait réunis
Peintres, sculpteurs, savants, artistes, beaux-esprits,
Qui l'appelaient Mécène en mangeant son dîner.

LE CHAT ET LE MOINEAU

Livre II, Fable 20.

Un moineau s'aperçoit du piège scélérat.
... Dès ce jour il s'imagine
Que chaque épi de grain était patte de chat,
Au fond de son trou solitaire
Il se retire et plus n'en sort.
Supporte la faim, la misère,
Et meurt pour éviter la mort.

La prudence est bonne de soi,
Mais la pousser trop loin est une duperie.

LE LINOT

Livre II, Fable 22.

Notre jeune linot ....
Se croyait un phénix, prenait l'air suffisant,
Tranchait du petit important.
Sa mère lui disait : Mon cher fils, sois plus sage.
Plus modeste surtout...

... L'adversité fit, dans un seul moment,
Ce que tant de leçons n'avaient jamais pu faire.

LE DROMADAIRE ET LE RHINOCÉROS

Livre III, Fable 4.

Expliquez-moi, s'il vous plaît, mon cher frère,
D'où peut venir pour nous l'injustice du sort.

C'est peu de servir l'homme, il faut encor lui plaire.
Vous êtes étonné qu'il nous préfère à vous :
Mais de cette faveur voici tout le mystère :
Nous savons plier les genoux.

LE LIÈVRE, SES AMIS ET LES DEUX CHEVREUILS

Livre III, Fable 7.

Un lièvre d'un bon caractère
Voulait avoir beaucoup d'amis.
. . . .
Il ne savait pas qu'Aristote
Disait aux jeunes Grecs à son école admis :
Mes amis, il n'est point d'amis.

. . . . . À quoi bon tant d'amis?
Un seul suffit quand il nous aime.

LE RENARD DÉGUISÉ

Livre III, Fable 10.

Un renard plein d'esprit, d'adresse et de prudence,
A la cour d'un lion servait depuis longtemps...
On le louait beaucoup, mais sans lui donner rien,
Et l'habile renard était dans l'indigence.

LES DEUX BACHELIERS

Livre III, Fable 8.

Deux jeunes Bacheliers, logés chez un Docteur,
Y travaillaient avec ardeur....
Là, du matin au soir en public disputant,
Ils en étaient bientôt à ne se plus comprendre;
Même par là souvent on dît qu'ils commençaient!

Mon ami, chez les grands quiconque voudra plaire,
Doit d'abord cacher son esprit.

Nous ne nous battons point, disent-ils, jugez mieux:
C'est que nous repassons tous deux
Nos leçons de métaphysique.

LES ENFANTS ET LES PERDREAUX

Livre III, Fable 42.

Deux enfants d'un fermier, gentils, espiègles, beaux,
Mais un peu gâtés par leur père,
Trouvèrent des petits perdreaux
Qui voletaient avec leur mère.

Comment donc ! petits rois, vos discordes cruelles
Font que tant d'innocents expirent par vos coups !
De quel droit, s'il vous plaît, dans vos tristes querelles
Faut-il que l'on meure pour vous ?

L'HERMINE, LE CASTOR ET LE SANGLIER

Livre III, Fable 43.

Une hermine, un castor, un jeune sanglier,
Quittèrent leur forêt, leur étang, leur hallier.

Le voilà qui se précipite
Au plus fort du bourbier, s'y plonge jusqu'au dos
Marche, pousse à son but, arrive plein de boue,
Et là, tandis qu'il se secoue
Jetant à ses amis un regard de dédain :
Apprenez, leur dit-il, comme on fait son chemin.

..... La fin de l'aventure
Fut le trépas du léopard.

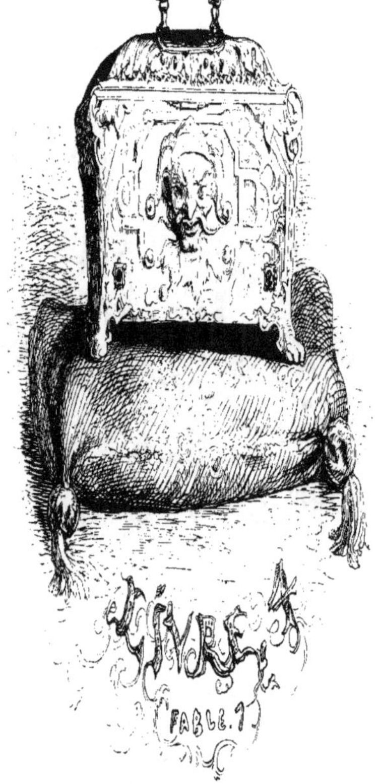

Ce coffret...... renferme des rubis
Des diamants d'un très-grand prix.

Le Pacha et le Dervis.

Non, dit le rossignol............
N'entends-tu pas dans ces marais
Mille grenouilles coassantes.

Le Berger et le Rossignol.

LE RENARD QUI PRÊCHE

Livre III, Fable 15.

Un vieux renard cassé, goutteux, apoplectique,
Mais instruit, éloquent, disert,
Et sachant très-bien sa logique,
Se mit à prêcher au désert.

LA BALANCE DE MINOS

Livre III, Fable 14.

Minos, ne pouvant plus suffire
Au fatigant métier d'entendre et de juger
Imagina pour abréger,
De faire faire une balance.

Il prouvait en trois points que la simplicité,
Les bonnes mœurs, la probité,
Donnent à peu de frais cette félicité
Qu'un monde imposteur nous présente
Et nous fait payer cher sans la donner jamais.

..... Voyant un pauvre homme de bien
Qui dans un coin obscur attendait en silence
Il le met seul en contrepoids :
Les six ombres alors s'élèvent à la fois.

LE LION ET LE LÉOPARD

Livre III, Fable 12.

. . . . . . Mais quand les Rois amis
Partageant le pays conquis
Fixèrent leurs bornes nouvelles,
Il s'éleva quelques querelles.

Le Léopard lésé se plaignit du Lion :
Celui-ci montra sa denture
Pour prouver qu'il avait raison,

LE PARRICIDE

Livre III, Fable 18.

Un fils avait tué son père ;
Ce crime affreux n'arrive guère
Chez les tigres, les ours : mais l'homme le commet.

. . . .

Il fuyait les humains et vivait dans les bois
Espérant échapper aux remords comme aux lois.

O des vertus dernière amie,
Toi qu'on voudrait en vain éviter ou tromper,
Conscience terrible, on ne peut t'échapper !

LE PAON, LES DEUX OISONS ET LE PLONGEON

Livre III. Fable 46.

Un paon faisait la roue, et les autres oiseaux
    Admiraient son brillant plumage.
Deux oisons nasillards, du fond d'un marécage,
    Ne remarquaient que ses défauts.

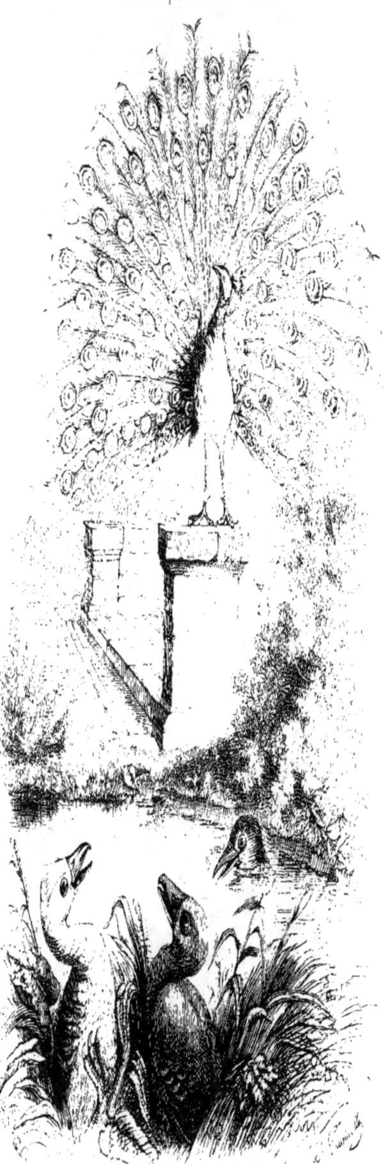

Mais votre chant, vos pieds, sont plus laids que les siens,
    Et vous n'aurez jamais sa queue.

LE HIBOU, LE CHAT, L'OISON ET LE RAT

Livre III. Fable 47.

Un soir en discutant (des docteurs c'est l'usage),
Ils comparaient entre eux les peuples anciens.
. . . .
Quand un rat qui de loin entendait la dispute
Leur cria : Je vois bien d'où viennent vos débats.

L'Égypte vénérait les chats,
Athènes les hiboux, et Rome, au capitole,
Aux dépens de l'État nourrissait des oisons ;
Ainsi notre intérêt est toujours la boussole
    Que suivent nos opinions.

L'AMOUR ET SA MÈRE

Livre III, Fable 19.

Quand la belle Vénus, sortant du sein des mers,
Promena ses regards sur la plaine profonde,
Elle se crut d'abord seule dans l'univers.

Mais près d'elle aussitôt l'Amour naquit de l'onde.
Il lance plusieurs traits en criant : Terre! terre!
Que faites-vous, mon fils? lui dit alors sa mère.
Maman, répondit-il, j'entre dans mes États.

L'AIGLE ET LA COLOMBE

Livre III, Fable 21.

Un aigle s'ennuyait : le soleil et l'Olympe,
Lorsque sans cesse l'on y grimpe,
Finissent par être ennuyeux.

...Lorsque notre aigle amoureux
Voulait remercier son épouse charmante
D'avoir enfin trouvé l'art de le rendre heureux,
Il lui disait d'une voix attendrie :
Le bonheur n'est pas dans les cieux :
Il est près d'une bonne amie.

L'ÉCUREUIL, LE CHIEN ET LE RENARD

Livre IV, Fable 2.

Un gentil écureuil était le camarade,
Le tendre ami d'un beau danois.
Un jour qu'ils voyageaient comme Oreste et Pylade
La nuit les surprit dans un bois.

Cer prouve deux points. D'abord qu'il est utile
Dans la douce amitié de placer son bonheur :
Puis, qu'avec de l'esprit, il est souvent facile
Au piège qu'il nous tend de surprendre un trompeur.

L'HABIT D'ARLEQUIN

Livre IV, Fable 4.

Un jour de Mardi Gras j'étais à la fenêtre,
Quand sur le quai je vis paraître
Un petit arlequin leste, bien fait, bien mis.
— Il est vert. — Il est jaune. — Il est rouge morbleu !

Ainsi que bien des gens d'esprit et de savoir,
Mais qui d'un seul côté regardent une affaire,
Chacun de vous ne veut y voir
Que la couleur qui sait lui plaire.

LE PERROQUET

Livre IV, Fable 3.

Un gros perroquet gris, échappé de sa cage,
Vint s'établir dans un bocage ;
Et là, prenant le ton de nos faux connaisseurs,
Jugeait tout, blâmait tout d'un air de suffisance.

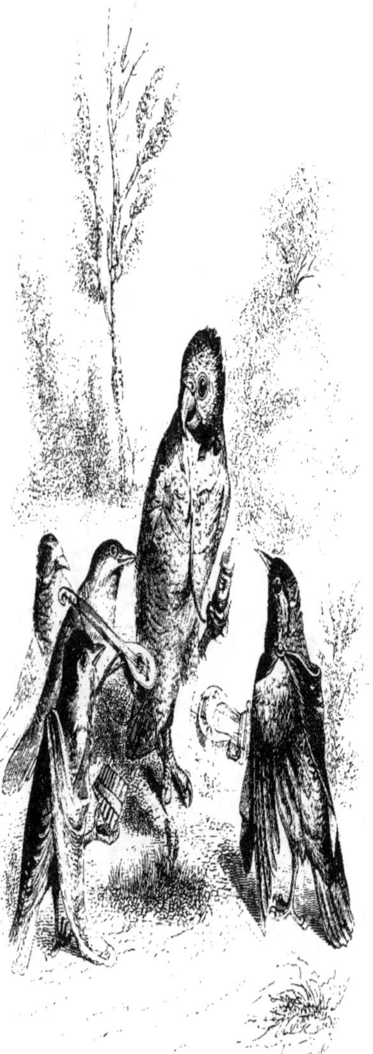

.........; mais, parlez donc, beau sire ;
Vous qui sifflez toujours, faites qu'on vous admire.

. . . .

Messieurs, je siffle bien, mais je ne chante pas.

LE HIBOU ET LE PIGEON

Livre IV, Fable 5.

Que mon sort est affreux ! s'écriait un hibou :
Je suis isolé sur la terre,
Et jamais un oiseau n'est venu dans mon trou
Consoler un moment ma douleur solitaire.
Un pigeon entendit ces mots.

— Mais ainsi, Dieu me le pardonne !
Vous n'avez donc aimé personne ?
— Ma foi non, soit dit entre nous.
— En ce cas là, mon cher, de quoi vous plaignez-vous ?

LA VIPÈRE ET LA SANGSUE
Livre IV, Fable 6.

La vipère disait un jour à la sangsue :
Que notre sort est différent !
On vous cherche, on me fuit : si l'on peut on me tue.
Cependant vous et moi faisons même blessure.
. . . . . . Oh ! que nenni, ma chère.

L'AVARE ET SON FILS
Livre IV, Fable 10.

Ce malheureux, dans sa folie,
Les bonnes pommes ménageait :
Mais lorsqu'il en trouvait quelqu'une de pourrie,
En soupirant il la mangeait.

Entre nous deux, je crois, la différence est belle :
Je suis remède et vous poison.
Cette fable aisément s'explique
C'est la satire et la critique.

Mon père, dit le fils, calmez-vous, s'il vous plaît ;
Nous sommes d'honnêtes personnes :
Et quel tort vous avons-nous fait ?
Nous n'avons mangé que les bonnes.

LA FAUVETTE ET LE ROSSIGNOL

Livre IV, Fable 9.

Une fauvette, dont la voix
Enchantait les échos par sa douceur extrême,
Espéra surpasser le rossignol lui-même,
Et lui fit un défi.

Lorsqu'un geai s'écria : Victoire à la fauvette !
Ce mot décida sa défaite.
Ainsi le suffrage d'un sot
Fait plus de mal que sa critique.

LA GUENON, LE SINGE ET LA NOIX

Livre IV, Fable 12.

… Ah ! certes, ma mère mentit
Quand elle m'assura que les noix étaient bonnes,
Puis, croyez aux discours de ces vieilles personnes
Qui trompent la jeunesse !…

Votre mère eut raison, ma mie,
Les noix ont fort bon goût ; mais il faut les ouvrir.
Souvenez-vous que, dans la vie,
Sans un peu de travail on n'a pas de plaisir.

LE LAPIN ET LA SARCELLE

Livre IV, Fable 3.

Unis dès leurs plus jeunes ans

D'une amitié fraternelle,

Un lapin, une sarcelle,

Vivaient heureux et contents.

Nos bons amis, libres heureux,

Aimèrent d'autant plus la vie,

Qu'ils se la devaient tous les deux.

LE PHILOSOPHE ET LE CHAT-HUANT

Livre IV, Fable 15.

C'est un coquin, c'est un impie,

Un ennemi de la patrie;

Il faut le plumer vif : oui, oui, plumons, plumons,

Ensuite nous le jugerons.

. . . . Pourquoi ces assassins

En voulaient-ils à votre vie?

Que leur avez-vous fait? L'oiseau lui répondit :

Rien du tout; mon seul crime est d'y voir clair la nuit.

LE CHAT ET LES RATS

Livre IV, Fable 17.

. . . . L'orateur de la troupe
Parle des chats avec mépris.
A ces mots, partageant son belliqueux transport,
Chaque nouveau guerrier sur l'angora s'élance
Et réveille le chat qui dort.

Il ne s'échappa que deux rats
Qui disaient, en fuyant bien vite à leur tanière :
Il ne faut pas pousser à bout
L'ennemi le plus débonnaire :
On perd ce que l'on tient quand on veut gagner tout.

LES DEUX CHAUVES

Livre IV, Fable 16.

Un jour deux chauves, dans un coin,
Virent briller certain morceau d'ivoire :
Chacun d'eux veut l'avoir ; dispute et coups de poing,
Le vainqueur y perdit, comme vous pouvez croire,
Le peu de cheveux gris qui lui restaient encor.

Un peigne était le beau trésor
Qu'il eut pour prix de sa victoire.

DON QUICHOTTE

Livre IV, Fable 20.

Contraint de renoncer à la chevalerie,
Don Quichotte voulut, pour se dédommager,
Mener une plus douce vie,
Et choisir l'état de berger.

Ainsi guérir d'une folie,
Bien souvent ce n'est qu'en changer.

LES DEUX PAYSANS ET LE NUAGE

Livre IV, Fable 19.

Ne vois-tu pas venir là-bas
Ce gros nuage noir? C'est la marque effroyable
Du plus grand des malheurs.........
.....Je vois tout le contraire;
Car ce nuage assurément
Ne porte point de grêle, et porte de la pluie.

Ils s'échauffaient tous deux; déjà dans leur furie,
Ils allaient se gourmer, lorsqu'un souffle de vent
Emporta loin de là le nuage effrayant.
Ils n'eurent ni grêle ni pluie.

LE SAVANT ET LE FERMIER

Livre IV, Fable 1re.

. . . . Mon livre est la nature ;
Et mon unique précepteur,
C'est mon cœur.
Je vois les animaux, j'y trouve le modèle
Des vertus que je dois chérir :
La colombe m'apprit à devenir fidèle ;
En voyant la fourmi, j'amassai pour jouir ;
Mes bœufs m'enseignent la constance,
Mes brebis la douceur, mes chiens la vigilance ;
Et, si j'avais besoin d'avis

Pour aimer mes filles, mes fils,
La poule et ses poussins me serviraient d'exemple.
Ainsi dans l'univers tout ce que je contemple
M'avertit d'un devoir qu'il est doux de remplir.
Je fais souvent du bien pour avoir du plaisir.
J'aime et je suis aimé, mon âme est tendre et pure.
Et toujours selon ma mesure,
Ma raison sait régler mes vœux ;
J'observe et je suis la nature.
C'est mon secret pour être heureux.

ÉPILOGUE

L'orgueil, l'intérêt, la folie,
Troubleront toujours l'univers ;
Vainement la philosophie
Reproche à l'homme ses travers ;
Elle y perd sa prose et ses vers.
Laissons, laissons aller le monde
Comme il lui plaît, comme il l'entend ;
Vivons caché, libre et content.

Dans une retraite profonde,
Las, que faut-il pour le bonheur ?
La paix, la douce paix du cœur,
Le désir vrai qu'on nous oublie,
Le travail qui sait éloigner
Tous les fléaux de notre vie,
Assez de bien pour en donner,
Et pas assez pour faire envie.

LE COQ FANFARON
Livre IV, Fable 22.

Un coq sans force et sans talent,
Jouissait, on ne sait comment,
D'une certaine renommée.
Cela se voit, dit-on, chez la gent emplumée,
Et chez d'autres encore. Insolent comme un sot,
Notre coq traita mal un poulet de mérite.

Il fait bon battre un glorieux:
Des revers qu'il éprouve il est toujours joyeux:
Toujours sa vanité trouve dans sa défaite
Un moyen d'être satisfaite.

LE PROCÈS DES DEUX RENARDS
Livre V, Fable 3.

Le léopard rêveur prit enfin la parole:
Hors de cour, leur dit-il; défense à l'écolier
De continuer son métier,
Au maître de tenir école.

Que je hais cet art de pédant,
Cette logique captieuse,
Qui d'une chose claire en fait une douteuse.
D'un principe erroné tire subtilement
Une conséquence trompeuse
Et raisonne en déraisonnant.

LA COLOMBE ET SON NOURRISSON

Livre V, Fable 4.

Une colombe gémissait

De ne pouvoir devenir mère :

Un jour.... elle rencontre... un œuf abandonné,

Se met à le couver et le couve si bien,

Qu'elle ne le quitte pour rien,

Pas même pour manger ; l'amour nourrit les mères.

Quel triste prix des soins donnés à cet enfant !

Mais c'était le fils d'un milan :

Rien ne change le caractère.

L'ANE ET LA FLUTE

Livre V, Fable 5.

Les sots sont un peuple nombreux,

Trouvant toutes choses faciles :

Il faut le leur passer ; souvent ils sont heureux :

Grand motif pour se croire habiles.

L'âne se croit un grand talent,

Et, tout joyeux, s'écrie, en faisant la culbute

Eh ! je joue aussi de la flûte !

LA TOURTERELLE ET LA FAUVETTE

Livre V, Fable 13.

Une fauvette, jeune et belle,
S'amusait à chanter tant que durait le jour :
Sa voisine la tourterelle
Ne voulait, ne savait rien que faire l'amour.

La beauté, ce présent céleste,
Ne peut sans les talents réchapper à l'ennui.
La beauté passe, un talent reste,
On en jouit même en autrui.

LE CROCODILE ET L'ESTURGEON

Livre V, Fable 11.

Livrez votre âme impitoyable
Au remords qui des dieux est le dernier bienfait.
Le seul médiateur entre eux et le coupable.
Malheureux! manger un enfant!
Mon cœur en a frémi : j'entends gémir le vôtre....

Oui, répond l'assassin, je pleure en ce moment
De regret d'avoir manqué l'autre.

Tel est le remords du méchant.

LE LÉOPARD ET L'ÉCUREUIL

Livre V, Fable 9.

Je te fais grâce de la vie,
Mais à condition que de toi je saurai
Pourquoi cette gaîté, ce bonheur que j'envie,
Embellissent les jours, ne te quittent jamais,
Tandis que moi je suis si triste et je m'ennuie.

Mon grand secret pour être heureux,
C'est de vivre dans l'innocence ;
L'ignorance du mal fait toute ma science,
Mon cœur est toujours pur, cela rend bien joyeux,
Vous ne connaissez pas la volupté suprême
De dormir sans remords... Vous haïssez et j'aime.
Tout est dans ces deux mots........

LE CHIEN-LION

Livre V, Fable 8.

La vanité nous rend aussi dupes que sots,
On nous rapporte, à ce propos,
Qu'au temps jadis, après une sanglante guerre,
L'éléphant regnant dans les bois,
De ses vastes États exila pour jamais
La race des lions........

— Quel motif..... peut t'obliger à fuir ?
— Ce qui m'y force ! et cet édit sévère,
Qui nous chasse à jamais... Comment, toi ! mon cher frère ?
Qu'as-tu donc de commun ?... — Plaisante question !
Eh ! ne suis-je pas un lion ?

LA SAUTERELLE

Livre V, Fable 15.

C'en est fait, je quitte le monde :
Je veux fuir pour jamais le spectacle odieux
Du crime, des horreurs dont sont blessés mes yeux...
Ainsi se lamentait certaine sauterelle,
Hypocondre et n'estimant qu'elle.

Un moissonneur, dans ce moment,
Par hasard la distingue ; il se baisse, la prend,
Et dit, en la plaçant dans une herbe fleurie :
Va manger, ma petite amie.

LA GUÊPE ET L'ABEILLE

Livre V, Fable 16.

Dans le calice d'une fleur,
La guêpe un jour voyant l'abeille,
S'approche en l'appelant sa sœur.
Ce nom sonne mal à l'oreille
De l'insecte plein de fierté...

Nous avons une arme pareille,
Mais pour des emplois différents...
La vôtre sert votre insolence,
La mienne repousse l'offense ;
Vous provoquez, je me défends.

LE CHARLATAN

Livre V, Fable 11.

C'est une poudre admirable
Qui donne de l'esprit aux sots.
De l'honneur aux fripons, l'innocence au coupable,
Aux fous le prix de la sagesse,
Et la science aux ignorants.

Par elle on obtient tout, on sait tout, on fait tout.
Vite je m'approchai pour voir ce beau trésor...
C'était..... un peu de poudre d'or.

LA CHENILLE

Livre V, Fable 12.

Un jour, causant entre eux, différents animaux
Louaient beaucoup le ver à soie;
Une chenille seule y trouvait des défauts;
Aux animaux surpris en faisait la critique.

Un renard s'écria : Messieurs, cela s'explique ;
C'est que Madame file aussi.

L'AUTEUR ET LES SOURIS

Livre V, Fable 20.

Un auteur se plaignait que ses meilleurs écrits
  Étaient rongés par les souris.
Notre homme au désespoir............
Jette un peu d'arsenic au fond de l'écritoire.
  Puis dans sa colère il écrit.

......Il n'est point de volume.
  Qu'on n'ait mordu, mauvais ou bon.
Et l'on deshonore sa plume
  En la trempant dans du poison.

LE CHIEN COUPABLE

Livre V, Fable 19.

O vous......, témoins de mon heure dernière,
Voyez où peut conduire un coupable désir !
De la vertu, quinze ans, j'ai suivi la carrière.
  Un faux pas m'en a fait sortir.

Apprenez tous,....., en me voyant mourir,
  Que la plus légère injustice
Aux forfaits les plus grands peut conduire d'abord.
  Et que dans le chemin du vice,
  On est au fond du précipice.
  Dès qu'on met un pied sur le bord.

LE HÉRISSON ET LES LAPINS

Livre V, Fable 17.

Il est certains esprits d'un naturel hargneux,
Qui toujours ont besoin de guerre.
Ils aiment à piquer, se plaisent à déplaire,
Et montrent pour cela des talents merveilleux.
Le hérisson, de ses piquants,
Blesse un jeune lapin......
En pique deux, puis trois, et puis un quatrième.

Messieurs....... mon regret est extrême :
Il faut me le passer, je suis ainsi bâti,
Et je ne puis pas me refondre.
Ma foi, dit le doyen, en ce cas, mon ami,
Tu peux aller te faire tondre.

LE POISSON VOLANT

Livre V, Fable 22.

Certain poisson volant, mécontent de son sort,
Disait à sa vieille grand'mère :
Je ne sais comment je dois faire
Pour me préserver de la mort.

La vieille lui répond : Mon enfant, dans ce monde,
Lorsqu'on n'est pas aigle ou requin,
Il faut tout doucement suivre un petit chemin,
En nageant près de l'air, en volant près de l'onde.

L'AIGLE ET LE HIBOU

Livre V, Fable 21.

L'oiseau qui porte le tonnerre,
Disgracié, banni du céleste séjour,
S'en vint habiter sur la terre.
Un vieux hibou, du creux d'un hêtre,
L'entend gémir, se met à la fenêtre,
Et lui prouve bientôt que la félicité
Consiste dans trois points : Travail, paix et santé.

MYSON

Livre II, Fable 19.

Myson fut connu dans la Grèce ;
Par son amour pour la sagesse ;
Pauvre, libre, content, sans soins, sans embarras.
Il vivait dans les bois, seul, méditant sans cesse,
Et parfois riait aux éclats.

La, solitaire et libre, calmant tous mes maux,
Je laisse les soucis, les craintes à ma porte.
Voilà tout mon savoir : *Je m'abstiens, je supporte* ;
La sagesse est dans ces deux mots.

Un jour deux Grecs vinrent lui dire :
De ta gaité, Myson, nous sommes tous surpris :
Tu vis seul : comment peux-tu rire ?
Vraiment, répondit-il, voilà pourquoi je ris.

Le Myson moderne.

Lisez, lisez Tobie à côté de vos mères.

O Dieu! s'écria-t-il, tu daignes m'éprouver!
Je n'en murmure point, tu frappes pour sauver.

Il presse, en gémissant, sa mère sur son sein.
Bientôt, guidé par l'ange, il se met en chemin

Après ces deux transports, l'ange dit à son frère
De toucher du vieillard la tremblante paupière.

RUTH

Ma fille, dit Booz, glanez près des javelles ;
Les pauvres ont des droits sur des moissons si belles.
. . . .
Ce n'est que pour donner que le Seigneur nous donne.

C'est l'aïeul de David [1], Noémi [2] le caresse ;
Elle ne peut quitter ce fils de sa tendresse,
Et dit, en le montrant sur son sein endormi :
Vous pouvez maintenant m'appeler Noémi [3].

[1] L'enfant de Booz et de Ruth — [2] Noémi, belle-mère de Ruth. — [3] ... Ce nom veut dire belle.

L'ILLUSTRATION

JOURNAL UNIVERSEL PARAISSANT TOUS LES SAMEDIS

DEPUIS LE 4 MARS 1849

ORNÉ DE GRAVURES SUR TOUS LES SUJETS ACTUELS.

Événements politiques, Fêtes et Cérémonies publiques, Portraits des personnages célèbres, Inventions industrielles, Nouvelles de Paris, des Départements et de l'Étranger, Romans et Contes, etc. Vues pittoresques,

Cartes géographiques, Compositions musicales, Tableaux de mœurs, Scènes de Théâtres, Monuments, Costumes, Décors, Tableaux, Statues, Modes, Caricatures, etc., etc., etc.

PRIX DE L'ABONNEMENT :

Pour Paris . . . . 8 fr. pour trois mois; 16 fr. pour six mois; 30 fr. pour un an.

Pour les Départements. 9 — 17 — 32 —

Pour l'Étranger. . . 10 — 20 — 40 —

2 VOLUMES IN-FOLIO PAR AN. — 14 VOLUMES SONT EN VENTE.

TABLE

FIN.

L'ILLUSTRATION

JOURNAL UNIVERSEL PARAISSANT TOUS LES SAMEDIS

DEPUIS LE 4 MARS 1849

ORNÉ DE GRAVURES SUR TOUS LES SUJETS ACTUELS.

Événements politiques, Fêtes et Cérémonies publiques, Portraits des personnages célèbres, Inventions industrielles, Nouvelles de Paris, des Départements et de l'Étranger, Romans et Contes, etc. Vues pittoresques, Cartes géographiques, Compositions musicales, Tableaux de mœurs, Scènes de Théâtres, Monuments, Costumes, Décors, Tableaux, Statues, Modes, Caricatures, etc., etc., etc.

PRIX DE L'ABONNEMENT :
Pour Paris. . . . . . . 8 fr. pour trois mois; 16 fr. pour six mois; 30 fr. pour un an.
Pour les Départements. 9 — 17 — 32 —
Pour l'Étranger. . . . 10 — 20 — 40 —

2 VOLUMES IN-FOLIO PAR AN. — 14 VOLUMES SONT EN VENTE.